ADRESSES

DES MARSEILLOIS,

A LA CONVENTION NATIONALE,

Sur la conspiration de Robespierre et ses complices.

N^o. I.

À Marseille, le 18 Thermidor, l'an 2 de la République Française, une et indivisible.

MAIGNET, Représentant du Peuple Français, envoyé dans les Départemens des Bouches-du-Rhône, de Vaucluse et de l'Ardêche, pour organiser le Gouvernement Révolutionnaire,

Aux Citoyens composant la Députation des Bouches-du-Rhône.

JE m'empresse de vous apprendre, mes bons amis, que Marseille s'est montrée digne des bienfaits qu'elle a reçus de la Convention, dans un moment aussi terrible. La société populaire a été majestueuse dans la séance de hier : Jean-Bon Saint-André, qui y est venu avec moi, a dû se convaincre combien étoient peu fondées les calomnies que l'on a si long-temps vomies contre la masse entière ; il en est sorti satisfait, et j'espère que nous pourrons un jour invoquer avec avantage son témoignage sur ce qu'il a vu dans cette époque critique.

Que n'ai-je été auprès de vous pour par-

A 2

tager vos dangers ! Faut - il que j'en aie été éloigné dans un moment aussi important ? Mais j'ai cherché à remplir ma tâche.

Aussi-tôt que j'ai appris la secousse qui commençoit à avoir lieu , avant que j'en connusse aucun détail, sur la lettre de Granet , j'ai songé de suite à déjouer les projets de l'hébertisme et de l'aristocratie , qui pourroient chercher à profiter de cet événement , et pour tenir le peuple uni à la Convention.

La proclamation a fait le meilleur effet : tout a été dans le calme le plus parfait ; et l'on n'a entendu que des vœux pour la Convention , et des cris d'exécration contre les traîtres.

C'en est fait, mes bons amis , les Français sont libres pour jamais , puisque , par-tout , ils n'ont qu'un même sentiment et un même cœur.

Soyez convaincus que Marseille n'a plus à redouter de secousses, fruit des fausses démarches. Le peuple y est excellent ; il a besoin d'instruction ; mais quand on ne l'égare point, il est essentiellement bon. Je me félicite de l'avoir toujours vu de même, et de lui avoir rendu justice.

Salut et fraternité ,

MAIGNET.

N°. I I.

PROCLAMATION du Représentant du Peuple, aux Citoyens des Départemens des Bouches-du-Rhône, Vaucluse et l'Ardèche.

Un grand complot étoit formé contre la Patrie. La vigilance des Comités de Salut public et de Sûreté générale vient de le découvrir, et la Convention nationale de l'abattre.

C'est dans ces momens d'orage où tous les bons Citoyens doivent se réunir auprès de la Convention, se serrer auprès des deux Comités qui en sont les sentinelles.

Hábitans de ces Départemens, que ces mouvemens ne vous alarment point. Voyez la boussole que vous vous êtes choisie. Elle est placée sur cette Montagne que rien ne sauroit ébranler ni détruire. Les vagues viennent se briser auprès d'elle, et elle frappe de la massue nationale tous les monstres qui voudroient attaquer l'arbre de la liberté qui y est planté.

Ralliez-vous donc, Citoyens, plus fortement

que jamais autour d'elle ; qu'elle soit dans tous les temps votre refuge. Soyez calmes ; ne voyons tous que la Patrie , et elle sera sauvée.

Fait à Marseille , le dix-sept Thermidor, l'an second de la République française , une et indivisible.

Le Représentant du Peuple ,

M a i g n e t.

N°. I I I.

Discours prononcé à la Société populaire de Marseille , dans la séance du 17 Thermidor , l'an 2 de la République, par le Représentant du Peuple Maignet.

Citoyens,

Le jour où un conspirateur tombe, est un jour de triomphe pour la République ; mais trop souvent il est pour la malveillance un moyen d'agitation. La chaîne qui les lie tous doit être entièrement brisée pour pouvoir les réduire au silence.

Un grand complot s'étoit formé ; il menaçoit la liberté. Les Comités de Salut public et de Sûreté-générale l'ont connu, et il a été anéanti avant que la liberté eût reçu la moindre atteinte. Les traîtres se sont rendus justice, ou ils l'ont reçue de la hache nationale.

Citoyens, c'est ainsi que dans une république aucun crime ne demeure impuni, que tout est déjoué, abattu, et qu'il ne reste que la patrie.

Dans un gouvernement populaire, tout citoyen est en surveillance permanente. Il voit tout, il recueille tout, il dénonce tout.

Pour lui les hommes ne sont rien. Il sacrifie toutes ses affections personnelles à son pays ; et alors les conspirations ne sont terribles que pour les conspirateurs.

Notre histoire en offroit déjà des exemples frappans ; mais celui qu'elle va recueillir aujourd'hui prouvera à toutes les nations qu'en France la liberté est impérissable.

Les Français ne sont plus ces hommes pour qui les réputations étoient des phantômes, qui jadis s'agenouilloient devant des personnages que la renommée auroit voulu agrandir à leurs yeux. Ils aiment à ne voir que par eux-mêmes ; ils ne s'en rapportent qu'à eux. Justes dans leur jugement, ils le réfléchissent ; mais il est terrible quand ils le portent.

C'est ici une grande leçon que les intrigans, les voleurs de réputation, viennent de recevoir.

Ils périront tous, nous n'avons cessé de vous le dire, ils périront, tous ceux qui ne se sont jetés dans la révolution que pour satisfaire leurs passions, et qui n'ont eu l'air de caresser le peuple que pour s'en servir comme d'un instrument pour leur élévation.

Ce n'est point après cinq années de révolution, qu'on parvient à le dégrader jusqu'à ce point · il connoît sa dignité. Malheur à celui qui osera chercher à l'avilir !

Citoyens, rallions-nous au tour de cette Montagne sainte qui abat d'une manière si terrible tous ceux qui veulent venir y frapper l'arbre de la liberté, qu'elle s'est chargée d'y faire croître. Pleine et entière confiance dans ses travaux. Vous le voyez, les dangers ne sont rien pour elle quand le salut du peuple doit en naître.

Mais, citoyens, soyez plus convaincus que jamais, que ce n'est que par la vertu que l'on consolide la République. C'est l'ambition qui a perdu des hommes, qui sont sans doute entrés de bonne-foi dans la révolution, mais qui se sont perdus quand, se portant sur des calculs personnels, ils ont commencé à se voir, et à ne plus penser au bonheur du peuple.

Hommes immoraux, aristocrates déguisés, cessez donc de croire trouver votre sûreté

dans

dans le coup qui a frappé ces nouveaux traîtres. Ils ne peuvent être que vos complices, puisque comme vous ils préféroient leur bonheur à celui de la nation française.

La Convention qui a mis la vertu et la probité à l'ordre du jour, est encore là, et elle y est entourée de l'amour du peuple, qui est venu lui faire un rampart de son corps ; et elle y est avec la ferme volonté de poursuivre sans relâche tous ceux qui s'opposeront à l'établissement de la ré-publique. Il n'y en a point, il n'y en aura jamais, si la vertu qui l'établit, si les mœurs qui la sou-tiennent ne germent parmi nous.

Ah ! loin de croire d'acquérir aujourd'hui l'impunité, lisez, lisez au contraire votre arrêt de mort dans celui que la montagne a lancé contre des hommes qui plus que vous auroient pu y croire. Ils ont disparu devant la volonté nationale ; et vous vous flatteriez d'y rester ! Non, vous ne l'avez jamais cru vous-mêmes.

Républicains, serrons-nous plus que jamais autour de la Convention : ayons son courage ; déclarons hardiment à tout homme qui, par ses mœurs, son ambition, ses crimes ou son incivisme, voudroit anéantir nos sublimes efforts pour la liberté, que l'échafaud est là pour l'a-néantir lui-même.

C'est dans des occasions aussi solemnelles, qu'il est beau de voir tous les Français, par un mouvement spontané, jurer union entr'eux et confiance dans la Convention.

Sociétés populaires, c'est dans votre sein que, dans ces momens, les Français aiment à venir s'entretenir des dangers de la patrie, et y renouveler leur serment de détruire tout ce qui voudra s'élever au-dessus du peuple, tout ce qui voudra le ramener par le vice à la monarchie, l'éloigner du centre d'union qui est la Convention nationale.

Que les accens de votre reconnoissance retentissent donc auprès de la Convention ! Les Marseillois ne doivent pas être les derniers à applaudir à des mesures qui conservent l'ouvrage qu'ils ont commencé à fonder.

* * *

La Société populaire, où le peuple s'étoit porté en masse, a témoigné, par les applaudissemens les plus vifs et les plus réitérés, combien ces sentimens sont profondément gravés dans son cœur : elle a juré que la Convention seroit pour elle, dans tous les tems, le point de ralliement et l'espoir des patriotes, et a demandé l'impression du discours.

Marseille, le 17 Thermidor, l'an deuxième de la République, une et indivisible. Maignet.

Nº. IV.

Marseille, le 18 Thermidor, l'an 2ᵉ républicain.

CITOYENS,

NOUS vous faisons passer uue adresse que nous vous prions de présenter à la Convention, vous y verrez le développement de nos sentimens sur le nouveau genre de conspiration qui vient d'avoir lieu. Vous avez une grande part à notre reconnoissance ainsi qu'à celle de tous les français, pour avoir contribué à la déjouer.

Les administrateurs du département des Bouches-du-Rhône,

B. Camoin, F. Maillet, F. Masse, L. C. Morel, L. Granet, aîné, Sʳᵉ. C. Guinot, Sécretaire-général

---

N°. V.

*Marseille, le 18 Thermidor, l'an deux de
la République française une et indivisible.*

LES *Administrateurs du Département des Bouches-du-Rhône ;*

A la Convention nationale.

REPRÉSENTANS,

LORSQUE nous avons eu à frémir au récit des nouvelles atrocités encore une fois enfantées au milieu de vous, d'une horrible conpiration qui devoit anéantir la République et assassiner la liberté, par le meurtre de nos fidèles Représentans, nous avons eu aussi à nous réjouir d'apprendre que cette infâme complot étoit déjoué par votre active surveillance aidée de la confiance et des bayonnettes de nos braves frères de *Paris*, que les conspirateurs n'étoient déja plus et que la patrie étoit encore une fois sauvée.

Représentans, restez toujours inébranlables à votre poste. Que des hypocrites usurpateurs de réputation ; que des traîtres masqués d'une feinte popularité tentent de régner en tyrans ! ils périront tous ; votre attitude imposante les fera rentrer dans la poussière, notre point de ralliement sera toujours la Convention.

Parlez, Représentans, et les Citoyens de ce Département sont prêts à voler à votre secours, pour partager votre gloire et vos périls; ils sauront, autour de vous, exterminer les traîtres et les conspirateurs du dedans, comme nos légions républicaines savent exterminer les hordes étrangères des brigands couronnés.

Vive à jamais la République une, indivisible, démocratique et impérissable; vive la Convention!

L. Granet aîné, Président; *B. Camoin,*
F. Maillet, J. Masse, Libre Morel,
Guinot, Secrétaire-général.

Nº. VI.

Marseille, le 18 thermidor, l'an deuxième de la
République française, une et indivisible.

Les Administrateurs de district et Agent
national; à nos frères composant la
députation des Bouches-du-Rhône de
la Convention nationale, à Paris.

Citoyens-Représentans,

Il est inutile de vous tracer les sentimens que nous avons éprouvés en apprenant la nouvelle conspiration ourdie contre la liberté du Peuple français, nous avons frémi d'indignation à la nouvelle de cet affreux attentat : mais nous avons respiré quand nous avons appris que la Convention nationale, toujours ferme au milieu du danger le plus imminent, a déjoué ces complots, et a fait punir les traîtres ; vous avez coopéré à ces actions sublimes, vous avez vengé l'outrage fait à la Liberté, et votre énergie a paru dans tout son éclat : la reconnoissance, cette vertu républicaine, dirige nos cœurs dans ces momens, c'est elle qui trace nos sentimens, agréez-les avec cette sincérité qui nous caractérise.

Comme vous, nous avons dévoué à la mort et à l'infamie, tous les traîtres et les scélérats ; nous surveillerons sans cesse les conspirateurs, et nous poursuivrons le méchant dans son repaire le plus obscur ; qu'ils tremblent ces êtres immoraux, qui, parlant sans cesse de vertus, les prônent emphatiquement pour mieux les fouler aux pieds et en abuser ! la vérité de son prisme éclatant dévoilera toujours leur hypocrisie, et la vengeance nationale en fera une justice terrible.

Nous adressons à la Convention nationale l'expression de nos sentimens, nous vous en transmettons une copie, c'est par votre organe que cette pièce parviendra à cette même Convention dont vous êtes les dignes membres, de cette assemblée respectable qui mérite l'estime

et la vénération de tous les Républicains ; dites
à vos collègues que l'administration du district
ne déviera jamais des principes purs et civiques.
qui l'ont toujours dirigée , et qu'invariablement
attachée à la patrie, à la représentation nationale
et à ses généreux défenseurs, ses membres périront plutôt que de souffrir qu'il soit porté la
moindre atteinte à notre gouvernement démocratique. Périssent les traîtres et les tyrans !
Vive la République et la Convention !

Salut et fraternité.

J. J. Bosq , Jrissac, J. Arnaud ,
F. Mongendre, J. A. Blanc,
B. Bousquet, Vernet, ainé ,
Venture.

N°. VII.

*A Marseille, le 18 Thermidor, l'an 2ᵉ. de
la République une et indivisible.*

*Les Administrateurs et Agens nationaux
du District de Marseille ;*

A la Convention nationale.

Citoyens représentans,

Encore un nouveau complot découvert,
et de nouveaux conspirateurs punis. Oh ! patrie,

seras-tu toujours menacée par des ambitieux?
auras-tu toujours à lutter contre la soif domi-
natrice de quelques hommes pervers, qui, pour
s'élever au-dessus de leurs concitoyens, voudroient détruire la République, et y substituer
le règne odieux des despotes et des tyrans?
Non, le génie de la liberté plane au-dessus de
nous; il veille sans cesse pour exterminer tous
les scélérats qui oseroient porter une main
parricide dans le sein d'une patrie que nous
idolâtrons.

Qu'il est grand, qu'il est sublime, ce généreux
effort d'un peuple qui, au moindre signal de
la liberté menacée, se lève tout entier contre
ses ennemis, contre ceux qui n'ont capté sa
faveur, par tant de moyens insidieux, que
pour le tromper plus audacieusement! Qu'il est
beau de voir la représentation nationale se
roidir contre les plus grands dangers, et, ferme
à son poste, foudroyer, du haut de la montagne, les vils conspirateurs qui avoient osé
porter un pas téméraire sur son sommet! Gloire
vous soit rendue, intrépides législateurs, votre
œil vigilant a déjoué jusqu'à présent tous les
complots ourdis contre la liberté : tour à tour
des factions ennemies ont été culbutées, et avec
elles, ont péri ces véritables intrigans qui, se
parant des couleurs les plus séduisantes, pour

tromper le peuple, désignoient, par ce mot même d'intrigant, les patriotes purs et énergiques qui seuls ont fait la révolution, tandis que ces mêmes patriotes, persécutés dans le tems du fédéralisme par cette faction odieuse, essuyoient actuellement une persécution non moins innouie de la part de ceux qui se disoient républicains.

Un être immoral, paré de toutes les couleurs étrangères à son existence politique, un homme qui prêchoit la vertu en la foulant aux pieds ; un scélérat enfin qui, nouveau Cromweil, en avoit l'hypocrisie et les mœurs ; à qui seulement le courage manquoit pour imiter son modèle, avoit tramé un complot le plus affreux qui ait jamais existé dans les annales de notre révolution. Singeant encore Catilina, qui, dans sa fougueuse témérité, vint braver le sénat de Rome, et faire parade de son patriotisme pour mieux asservir sa patrie, Robespierre, tour-à-tour Cromwel et Catilina, l'audace sur le front, le crime dans le cœur, entouré d'une tourbe insolente de ses complices, alloit porter une main sacrilége à la statue de la liberté, lorsque, foudroyé par le tonnerre de cette déité, le traître et ses adhérens ont expié, par leur mort, leur crime et leur scélératesse.

Et vous, habitans de cette commune si chère

à tous les Républicains ; vous, toujours calomniés, parce que vous êtes toujours redoutables à-nos ennemis, continuez de surveiller tous les traîtres, et d'anéantir leurs conspirations. Marseille régénérée, Marseille qui, comme vous, étoit aussi calomniée, vous conservera sans cesse l'estime et l'amitié qui vous sont dues. Nous sommes vos frères, vos dignes camarades; comme vous, nous punissons les traîtres que notre sein a vomis ; nous poursuivons nos lâches ennemis, et les punissons sans pitié.

Représentans, une commission populaire a été établie à Orange, elle fait son devoir, puisque la tête des conspirateurs tombe journellement sous le glaive de la loi. Mais nous voyons avec regret que les traîtres renfermés dans nos maisons d'arrêt depuis plusieurs mois respirent encore ; les lâches conspirent jusque dans les fers. Leur joie insolente s'exhaloit déjà en propos injurieux ; ils attendoient sans doute le moment si desiré par eux de sortir de leur repaire, pour nous assassiner ; des lettres à l'adresse de quelques individus faisoient connoître leur espérance criminelle, et tous s'attendoient à voir renaître le règne désastreux de la tyrannie.

Le tribunal d'Orange ne peut sévir.à-la-fois, contre tant d'individus qui infectent de leur souffle impur l'air de nos départemens méridionaux ; il faut un nouveau tribunal qui nous débarrasse promptement de ces ennemis de la patrie ; nous sollicitons vivement cette institution salutaire pour notre département. Il faut enfin que la terre de la liberté ne soit plus souillée par l'existence de ces lâches conspirateurs.

Représentans d'un peuple libre , soyez toujours fermes et constans , purgez de votre sein tous les membres gangrenés qu'il peut renfermer , exterminez ces lâches conspirateurs qui voudroient assassiner la liberté ; nous applaudirons toujours à votre énergie , et l'Univers qui nous contemple apprendra que le Peuple Français , toujours juste , punit ses enfans dénaturés, et ne veut pas pactiser avec le crime. Si les coalisés fondent leurs espérances sur nos divisions, qu'ils se désabusent ; ils peuvent employer contre nous le fer, l'or et les poignards ; nous ne craignons point le premier, nous méprisons le second , et nous bravons le dernier.

Mort aux traîtres et aux tyrans. Vive la République et la Convention !

Les Administrateurs du District ;

J. Arnaud, président ; *Jrissac, Vernet,* ainé ; *Venture ; B. Mousquet ; F. Bongendre ; J. J. Bosq ; J. A. Blanc.*

B 2

N°. V I I I.

Marseille, le 18 Thermidor, l'an 2 de la République française une et indivisible.

Les *Officiers municipaux ; aux Citoyens Représentans du Peuple, composant la députation des Bouches-du-Rhône, à la Convention nationale, à Paris.*

Vous trouverez sous ce pli, Citoyens représentans, une adresse de félicitation à la Convention nationale ; nous vous prions de la lui présenter en notre nom ; l'attachement et le dévouement inaltérable que nous avons juré à la Représentation nationale, nous l'ont inspirée ; veuillez bien être auprès d'elle les interprêtes de nos sentimens.

Salut et fraternité.

Laliaud, Président, *Goudard*, officier municipal, *Jacques Amphoux*, officier municipal, *R. Jourdan* officier municipal, *Bertrand*, officier municipal, *Parian*, officier municipal, *Cayol*, officier municipal, *J. Galibert*, officier municipal.

N°. I X.

LA Municipalité de Marseille ; à la Convention nationale.

Cɪᴛᴏʏᴇɴs-Rᴇᴘʀésᴇɴᴛᴀɴs,

Le flambeau de la vérité n'avoit point encore éclairé la conduite de tous les hommes ; un bandeau cachoit à son jour l'hypocrisie de quelques individus ; et la tyrannie, le despotisme, sous les dehors d'une pure moralité, nous ramenoient à l'esclavage par la porte du temple de la liberté. O bonne-foi patriotique, cesse donc de nous aveugler ; laisse-nous pénétrer dans les replis de ces cœurs criminels qui ne parlent de la vertu que pour l'anéantir ; de la morale, que pour exercer leur immoralité ; de la liberté, que pour replonger le peuple dans l'esclavage ; des loix, que pour faire servir leur glaive à assassiner le patriotisme ; de leur désintéressement, que pour servir leur cupidité ; et de leur modestie, que pour se préparer l'instant de nous écraser par leur orgueil !

Ainsi les Robespierre, Saint-Just, Couthon, et autres monstres, abusant de la confiance du Peuple et de la vôtre, osoient méditer le renversement de la liberté et le rétablissement du despotisme ! Mais ces tyrans peu redoutables ignoroient donc que les orages suscités par les factions du crime ne porteront jamais atteinte à l'arbre de la liberté, et ne seront qu'une rosée salutaire pour ses feuillages. Votre vigilance les a démasqués ; votre courage a rendu impuissans et leurs efforts et ceux de leurs satellites ; vous avez lutté contre l'enthousiasme que les scélérats éloquens et astucieux n'inspirent que trop aux hommes vertueux, mais foibles ; la justice nationale a fait tomber leur tête ; son glaive suspendu attend encore celles des scélérats qui leur ressemblent. Vive la République ! vive la Convention nationale ! mais vivent, vivent à jamais ces hommes purs qui se sont réunis à vous, et qui, comme vous, seront à jamais chers aux cœurs républicains !

Recevez, Représentans, avec l'hommage de notre reconnoissance, l'assurance de nos sollicitudes pour les dangers que vous avez courus. Vous avez sauvé encore une fois la patrie, et vous avez eu la consolation de voir que les efforts du despotisme sont, par vos travaux, devenus impuissans. Vous avez fait connoître au peuple ses droits et sa liberté ! il vous a convaincu qu'il savoit et qu'il vouloit conserver l'un et l'autre. Le peuple français est p us grand et plus énergique que jamais.

Que les conspirateurs, oubliant encore qu'ils sont fragiles comme les préjugés dont ils sont esclaves, viennent heurter les rochers de la Montagne ! ils apprendront enfin, en s'y brisant, que la République est, et sera toujours, une et indivisible.

Fait dans la maison commune à Marseille, le 18 thermidor, l'an deuxième de la République française, une et indivisible.

Les Officiers municipaux.

Signés, *Laliaud*, Président; *Vernet*, officier municipal; *Goudard*, officier municipal; *J. Bertrand*, officier municipal; *F. Garoutte*, officier municipal; *F. Tardieu*, officier municipal; *Ange Ganivet*, officier municipal; *J. F. Parrian*, officier municipal; *Jacques Amphoux*, officier municipal; *F. Ricard*, officier municipal; *Auguste Chabaud*, officier municipal; *G. Galibert*, officier municipal; *R. Jourdan*, officier municipal; *Cayol* fils, officier municipal; *P. Trahan*, agent national.

N°. X.

*Marseille, le 18 Thermidor, l'an 2 de
la République, une et indivisible.*

*LE Comité Révolutionnaire de la Commune de Marseille; à la Convention
nationale.*

REPRÉSENTANS DU PEUPLE,

DANS les mouvemens extraordinaires, au
milieu des orages qui peuvent nous agiter, au
moment enfin, où de nouvelles factions tentent
de diviser les patriotes, le fonctionnaire public
doit se caractériser et renouveller sa profession
de foi; la confiance de ses concitoyens doit lui
échapper, s'il balance un instant.

Une violente secousse vient de se faire sentir
à Paris, ce que nous avons pu recueillir des
différens détails qui nous sont parvenus, an-
nonce un grand attentat contre la Convention;
nous laissons au tems et au zèle qui vous anime,

à

à dérouter cette nouvelle conspiration , et à faire connoître tous les traîtres qui y trempent.

Nous voulons saisir cet instant pour nous serrer autour de vous ; recevez le serment que nous vous réitérons, de ne reconnoître d'autre point de ralliement que la Convention nationale, dont nous savons apprécier le zèle , le courage et les dangers , recevez l'assurance que nous vous donnons , que les Comités de Salut public et de Sureté-générale en masse, ont toujours notre confiance dans toute sa latitude , et que nous croirons toujours avoir fait trop peu pour seconder des mesures auxquelles nous avons dû et nous devons encore le salut de la patrie ; reconnoissez enfin , Législateurs , dans chacun de nous , un patriote assez pur , assez zélé , un ami assez ardent de la révolution , un défenseur assez dévoué de la Convention nationale et de ses Comités , pour lui sacrifier son existence, s'il ne lui restoit plus d'autre moyen d'être utile à sa patrie.

Vive la République ! vive la Convention na-tionale !

P. Rimbaud, Secrétaire, *J. F. Revest* ainé Président. *P. Guerin, Serenus, Cayol, Meyer, J. Souche.*

B 4

No. X I.

Marseille, le 18 Thermidor, l'an 2 de la République Française une et indivisible.

La Société régénérée de Marseille, aux Représentants du Peuple, élus par le Département des Bouches - du-Rhône ; à la Convention nationale, à Paris.

FRÈRES ET AMIS,

A peine avons nous appris les dangers qui menaçoient la Convention, que nous avons craint pour chacun de ses membres, et notamment pour notre chère députation ; mais les monstres qui vouloient étouffer la liberté, ont porté leur tête sur l'échafaud, et la République est encore une fois sauvée ; la Société ; dans son élan de patriotisme, a délibéré deux adresses de félicitation, l'une à la Convention nationale, l'autre aux Sections de Paris ; nous les soumettons à votre sagacité ; et vous prions de les présenter en notre nom, et de faire imprimer celle

aux Sections de Paris, pour en faire la distri-
bution à chacune d'elles. Vous nous avez permis
de faire passer, par votre intermédiaire, tout
ce que nous adressons, soit à la Convention,
soit aux Sections; nous nous adressons à vous
avec confiance; vous êtes nos guides et notre
appui, vous êtes aussi nos amis; nous ne cesse-
rons jamais de mériter votre confiance.

Salut et fraternité.

Maurin, Président ; *Charronnié* ; *Bastien*,
fils ; *Auffant* ; *A. Mossy* ; *Chabry* ;
B. J. Bellon, Secrétaires.

N°. XII.

*La Société populaire régénérée de Mar-
seille, à la Convention nationale.*

REPRÉSENTANS,

UN noir complot vous environnoit. Des
scélérats parloient vertu, et ils suoient le
crime. Ils prêchoient la moralité dont ils
étoient les ennemis déclarés. Tout leur deve-
noit insuportable, hors la soif de la tyrannie
dont ils étoient altérés. Ils ont tenté de vous
avilir ; et votre fermeté les a rejettés du milieu
de vous comme la plus vile écume. La hache na-

tionale a donc encore une fois frappé de nouveaux tyrans ! Ainsi finiront les ambitieux , les traîtres , les conspirateurs. Aux premiéres nouvelles de votre sollicitude , la société populaire régénérée de notre commune de Marseille, s'est entourée des citoyens. Devenue le point d'union des vrais Républicains , un cri unanime s'est élevé spontanément : nous avons tous renouvellé le serment de vous rester fidèlement attachés ; de vous prouver notre dévouement sans bornes. *Maignet* et *Jean-Bon S.-André* vos collègues , ont été témoins de ce sublime élan. Nous avons béni avec eux le gouvernement révolutionnaire , le désespoir des méchants et de ces êtres pervers , qui, pour le détruire , avoient conjuré et l'avilissement et la destruction de la Convention nationale. Notre indignation a été à son comble. Que n'avons-nous été , dans ces instans , auprès de vous ! Marseille toute entière, digne émule des Sections de Paris , vous eût fait un rempart du corps de ses habitans. Vous avez de nouveau sauvé la République ; Marseille vous en rend graces ! Ses habitans régénérés vous offrent leurs bras , leurs fortunes et leurs vertus. Vous êtes leurs guides ; ils le publient dant le Midi. Leur serment est celui de la probité , de la reconnoissance.

Restes à ton poste, Convention nationale; notre protectrice et rempart de notre liberté! Les foudres que tu viens de lancer, purifient le sol de la liberté. Son arbre va fleurir et s'étendre à l'abri des miasmes infects dont son atmosphère est purgé. Il s'élève, s'affermit au milieu de nous; et notre terre et nos rochers seront engloutis dans les flots, avant qu'il lui soit porté la moindre atteinte. C'est ainsi que la Société populaire ne peut et ne veut faire qu'un avec la Convention nationale.

Maurin, Président; *A. Mossy*; *Charronié*; *E. Chompré*; *G. Carle*; *Auffant*; *Roedy*; *Gei*; *Vieux*; *J.-B. Pellen*; *Villont*; *Maillet* cadet; *Chabry*, *Bastien* fils, et *B. J, Bellon*, secrétaires.

N.º X I I I.

*L*a *Société populaire régénérée de Marseille; au Peuple parisien.*

Encore une fois, Peuple Parisien, tu viens d'arracher des mains de nouveaux Catilina le fer meurtrier, dont ils vouloient assassiner la liberté française. Encore une fois, tu viens de couuvrir de ton égide la Représentation nationale, que des monstres vouloient anéantir pour nous redonner des fers. Encore une fois, tu as sauvé la chose publique. Eh quoi ! Seroit-il dans la destinée de la France, que des hommes en qui le Peuple avoit placé sa confiance, viendroient à bout d'y rétablir la tyrannie dont le nom seul fait horreur; non.....Peuple français; la liberté ne périra pas! Tous les usurpateurs de renommée périront, tous les prédicateurs de vertu et qui ne la pratiquent pas seront démasqués, la tête de tous les traîtres roulera sur l'échaffaud ! Qu'ils tremblent tous les Tarquins tous les Cromwels ! le peuple de Paris est là, tous les Français sont debout pour les faire rentrer dans le néant.

Continuez, braves Parisiens, à bien mériter de la patrie que vous avez tant de fois sauvée ! continuez à surveiller les traîtres, les faux-patriotes et les fripons; continuez à couvrir de vos corps la Représentation nationale, sans laquelle point de gouvernement, point de liberté. Nous vous seconderons dans tous vos généreux efforts ; nous sommes encore ces Marseillois du dix août, qui vous aidèrent si puissament à renverser le thrône des Capets, et qui vous aideront encore à exterminer **tous ceux qui** tenteroient de le relever.

Rallions - nous, braves parisiens, détruisons tous nos ennemis de l'intérieur, tandis que nos frères d'armes, sur les frontières chassent devant eux tous les esclaves des despotes : que **notre** révolution, sans exemple dans l'histoire, apprenne à tous les peuples, que les Français ne sont devenus libres que par la mort **de** leur dernier tiran, par le supplice de tous ses satellites, et par l'établissement d'une République fondée sur l'égalité, les mœurs et la vertu. Qu'ils sachent tous les peuples qui couvrent la surface de la terre, qu'ils ne peuvent être heureux, tant qu'il existera des tyrans sous quelque masque qu'ils empruntent, et des amateurs de la tyrannie.

Les amis de l'égalité et de la liberté, de la société populaire régénérée de Marseille.

Le 18 Thermidor, l'an second de la République française une et indivisible.

> *Maurin*, Président, *Maillet*, cadet, Secrétaire, *E. Chompré*, *G. Carle*, *Auguste Mossy*, *Bastien* fils Secrétaire, *Charonnié*, *Roudy*, *Auffant*, *Vitout Geillavieux*, *Chabry*, Secrétaire, *B. J. Bellon*, Secrétaire.

N.º XIV.

Marseille, le 19 Thermidor, an deuxième de la République Française, une et indivisible.

Les membres composant le Tribunal du District de Marseille,

A la Députation des Bouches-du-Rhône.

Vous trouverez sous ce pli, la copie de notre adresse à la Convention, au sujet des événements du 10 thermidor ; nous avons appris que vous étiez inscrits sur les tablettes de proscription du dernier de nos tyrans ; ce nouveau danger que vous avez couru, a redoublé l'estime et l'amitié que nous avons pour vous.

Les Membres du Tribunal du District,

Signé, *Ferron, Ricard, Garrigue, Chabaud, F. Galibert, A. Perrin,* Commissaire national.

N°. XV.

A Marseille, le 19 Thermidor, l'an second de la République Française, une et indivisible.

Les Membres composant le Tribunal du District de Marseille, à la Convention nationale.

Représentans,

Depuis cinq ans nous combattions la tyrannie et nous touchions au terme de nos travaux, lorsqu'un monstre, couvert du manteau de la vertu, alloit nous en ravir le fruit; il est tombé... graces vous soient rendues! Cet acte de justice est le plus grand de vos bienfaits. Il est sur-tout plus utile qu'une victoire remportée sur les rois coalisés contre nous, puisqu'il nous délivre d'un tyran domestique qui nous menoit à l'esclavage par la confiance; mais comment avons-nous été si long-tems trompés par un seul homme? Quelle étoit sa conduite, et quels étoient ses fameux discours ? Il ne montoit à la tribune que pour parler de lui. Les succès de nos armées n'étoient rien, le mérite de la délation étoit tout, et la gloire de renverser les factions qu'il créoit à son gré, valoit plus, selon lui, que la gloire de vaincre toutes les puissances de l'Europe conjurées contre la France. Encore quelques momens de foiblesse ou d'erreur, devoit-il se dire, j'accapare le peuple en lui parlant de vertu. Je me défais des hommes courageux et des hommes éclairés, en les armant les uns contre les autres; la Société si célèbre des Jacobins ne sera plus que mon instrument; le Tribunal révolutionnaire qu'un coupe-gorge dans lequel j'enverrai mes ennemis; et la Convention nationale elle-même ne sera plus que ma cour ; mais ces hommes énergiques, si bien nommés·Montagnards, n'ont point perdu le souvenir de leur gloire passée. N'ont-ils pas fait le sacrifice de leur vie à la liberté ? Elle étoit en péril; ils ont· paru et l'ont encore sauvée.

Représentans, que cet évènement ne soit point perdu; il a dû frapper de mort tous les ambitieux ; il nous a guéri de l'idolâtrie. Les héros Français perdront l'infâme désignation qui leur fut donnée par l'étranger, ils ne seront plus *les soldats de Robespierre*, ils seront les fondateurs et les propagateurs de la liberté du monde ; et comme ce mémorable évènement vous est dû tout entier, il faut que la France déclare qu'à votre tour vous avez bien mérité de la patrie.

Les Membres du Tribunal du District de Marseille.

Signé, *F. Galibert, Ricard, Garrigue, Ferrand, Chabaud, A. Perrin,* Commissaire national.

—————————————

N°. XVI.

Marseille, le 21 Thermidor, an 2 de la République, une, indivisible, et démocratique.

LES Membres composant le Tribunal criminel du Département des Bouches-du-Rhône, à la Députation des Bouches-du-Rhône.

CITOYENS-REPRÉSENTANS, nos compatriotes, veuillez-bien lire à la Convention nationale l'Adresse du Tribunal. Vous, dignes défenseurs de la République et de notre Commune, vous prouverez que les vrais patriotes ont tous le bon esprit, et ne connoissent d'autre point de ralliement à la République, que la Convention elle-même. Soyez notre organe, et continuez nous votre amitié.

Salut et fraternité,

Maillet cadet, président ; *R. Vernet* ; *Roux* ; *E. Chompré*, greffier du tribunal criminel ; *Giraud*, Accusateur public.

N°. XVII.

LÉGISLATEURS,

Le joug hideux de la tyrannie s'étoit projetté jusqu'aux frontières de la République. On sentoit, sur des opinions franches et républicaines, un poids étouffant, et l'on en méconnoissoit la cause. On se disoit à soi-même : Tout va bien ; la Convention nationale, ses Comités, les armées, l'instruction et la morale ; et cependant on avoit une secrète appréhension qui vous assiégeoit en public et dans le particulier. Vainement on cherchoit à se rassurer sur ses principes, sa probité et ses actions civiques. On ne pouvoit démêler la source de l'oppression atterrante qu'on entretenoit dans la conscience la plus pure.

Aujourd'hui, vous venez, avec la hauteur du courage qui vous distingue, de couper le nœud de cette énigme, et déchirer le voile qui nous transmettoit la stupeur, sans nous faire présentir l'hypocrite despote. Ce tyran, qui s'est nourri de notre sotte adulation, a montré son audace; et, à sa vue, la montagne a senti son travail de volcan; l'éruption s'est faite, et l'infâme Catilina a disparu comme un songe. A Paris, Législateurs, nous aurions pris les armes pour défendre la Convention nationale; à Marseille, nous jurons de mourir pour elle.

Les Membres et Accusateur public du Tribunal criminel du Département des Bouches-du-Rhône.

Signés, Maillet cadet, Président; *Roch Vernet; F. Galibert; Roux; E. Chompré,* Greffier du Tribunal criminel; *Giraud,* Accusateur public.

De l'imprimerie de R. VATAR et ass., rue de l'Université, n°. 139 ou 926.